BEI GRIN MACHT SICH IHR WISSEN BEZAHLT

AF137363

- Wir veröffentlichen Ihre Hausarbeit,
  Bachelor- und Masterarbeit

- Ihr eigenes eBook und Buch -
  weltweit in allen wichtigen Shops

- Verdienen Sie an jedem Verkauf

Jetzt bei www.GRIN.com hochladen
und kostenlos publizieren

Toynbee Hall und Hull House – Zwei Vorreiter der sozialräumlichen Arbeit

Gemeinsamkeiten und Unterschiede beider Settlements

Tim Winkelmann

Bibliografische Information der Deutschen Nationalbibliothek:

Die Deutsche Nationalbibliothek verzeichnet diese Publikation in der Deutschen Nationalbibliografie; detaillierte bibliografische Daten sind im Internet über http://dnb.d-nb.de abrufbar.

ISBN: 9783346514974
Dieses Buch ist auch als E-Book erhältlich.

Druck und Bindung: Books on Demand GmbH, Norderstedt Germany
Gedruckt auf säurefreiem Papier aus verantwortungsvollen Quellen

Das vorliegende Werk wurde sorgfältig erarbeitet. Dennoch übernehmen Autoren und Verlag für die Richtigkeit von Angaben, Hinweisen, Links und Ratschlägen sowie eventuelle Druckfehler keine Haftung.

Das Buch bei GRIN: https://www.grin.com/document/1139585

Inhaltsverzeichnis

1.Einleitung... - 1 -

2. Die Toynbee Hall in London .... - 2 -

    2.1 Der historische Kontext .... - 2 -

    2.2 Gründungsgeschichte und Motivation .... - 3 -

    2.3 Konzeption, Ziele und verrichtete Arbeit .... - 4 -

3. Das Chicagoer Hull House .... - 6 -

    3.1 Der historische Kontext .... - 6 -

    3.2 Gründungsgeschichte und Motivation .... - 7 -

    3.3 Ziele und verrichtete Arbeit... - 8 -

4. Gemeinsamkeiten und Unterschiede beider Settlements .... - 10 -

    4.1 Gemeinsamkeiten der Toynbee Hall und des Hull Houses................................. - 10 -

    4.2 Unterschiede zwischen der Toynbee Hall und dem Hull House........................ - 11 -

5. Ihr Erbe für die moderne Sozialarbeit.. - 13 -

6. Resümee.. - 15 -

7. Literaturverzeichnis .... - 17 -

Toynbee Hall und Hull House – Zwei Vorreiter der sozialräumlichen Arbeit

1. Einleitung

Probleme nicht bloß auf der Ebene von einzelnen Individuen zu betrachten und dieses dann im Einzelfall bei der Lösung jener Probleme zu begleiten und zu unterstützen, sondern den Sozialraum und dessen Bewohner*innen und Ressourcen ganzheitlich zu betrachten und zu nutzen, um mögliche Defizite zu minimieren beziehungsweise bestenfalls zu eliminieren, ist handlungsweisend für die Gemeinwesenarbeit (vgl. OELSCHLÄGEL 2001, S. 653). Diese wurde jahrelang fälschlicherweise als die dritte Methode der Sozialen Arbeit klassifiziert, fungiert neben der Individualhilfe und der Sozialen Gruppenarbeit jedoch als drittes Handlungsfeld der Profession Soziale Arbeit. Professionelle im Handlungsfeld Gemeinwesenarbeit wiederum besitzen eine Vielzahl von Methoden, die sie in ihrer täglichen Arbeit anwenden (vgl. HINTE 2018, S. 206).

Ein Ergebnis aktueller Theoretiker*innen scheinen diese Ansätze und Methoden jedoch nicht zu sein, so lassen sich vermeintlich einige davon bereits gegen Ende des 19. Jahrhunderts als Teil der von Akademiker*innen ausgehenden Settlement-Bewegung und deren Idealen identifizieren. Die wohl publiksten und bekanntesten Settlements stellen einerseits das erste seiner Art, die Toynbee Hall im Osten Londons, präzisiert im damaligen Armutsviertel Whitechapel, sowie das von Jane Addams in Chicago eröffnete Hull House, dar. Beide gelten als Vorläufer sozialräumlichen Arbeitens, agieren sie doch beide stadtteilbezogen (vgl. BIESEL 2007, S. 21 und S.29). Dies wirft die Frage auf, wie sich die beiden Settlements unterscheiden und was ihr Erbe für die aktuelle Gemeinwesenarbeit und gar für die Profession Soziale Arbeit ist?

Dieser Frage soll nun im Folgenden nachgegangen werden, basierend auf vorangegangener Literaturrecherche. Dafür werden zunächst einmal beide Settlements separiert voneinander durchleuchtet. Es erfolgt eine Einordnung in den jeweiligen historischen Kontext, danach wird die Gründungsgeschichte der Toynbee Hall beziehungsweise des Hull Houses untersucht, sowie die Motivation und Prägungen der entsprechenden Gründer*innen. Anschließend sollen die Angebote beider Settlements analysiert werden. Nach der Vorstellung beider soll der Vergleich erfolgen. Hierzu werden erstmal die Gemeinsamkeiten herausgearbeitet, anschließend erfolgt die Ausarbeitung der Differenzen. Zum Schluss soll dann reflektiert werden, welche Ansätze der Arbeit in den Settlements und welche Ideen der

Bewohner*innen auch im heutigen Diskurs nicht an Bedeutung verloren haben und immer noch angewendet beziehungsweise diskutiert werden.

2. Die Toynbee Hall in London

1884 öffnete der anglikanische Geistliche Samuel Barnett gemeinsam mit seiner Ehefrau Henrietta die Pforten des Gemeindehauses in Whitechapel, einem Elendsviertel im Osten der britischen Hauptstadt. Es zogen Studenten der renommierten Universität Oxford ein, die somit das erste Settlement begründeten, welches „Toynbee Hall" getauft wurde (vgl. WENDT 2017, S. 341). Im Folgenden wird nun genauer der historische Kontext und das Hilfesystem vor der Gründung der Toynbee Hall, die Gründungsgeschichte, Motivation und Wertvorstellung der Settlementbewohner*innen sowie das (sozialarbeiterische) Schaffen beleuchtet.

2.1 Der historische Kontext

1795 entwarfen englische Friedensrichter ein System der Armenvorsorge beziehungsweise einer Armenkasse, welches den 1601 verabschiedeten elisabethanischen „Act for the Relief of the Poor" ablöste und somit auch der Klassifizierung von Menschen in arbeitsfähig und arbeitsunfähig die Notwendigkeit nahm (vgl. WENDT 2017 S.101). Das neu entworfene System stellte einen drastischen Wechsel in der Armutsfürsorge des Vereinigten Königreichs dar, da das alte System der Konfrontation mit den aus der Industrialisierung hervorgegangen gesellschaftlichen Umstrukturierungen, dem massiven Wachstum einer von Armut betroffenen Bevölkerungsschicht sowie das Aufkeimen des Pauperismus nicht gewachsen war (vgl. BIESEL 2007 S. 21f). Ergebnis der Friedensrichterverhandlung war es, dass ein bestimmter Betrag festgelegt wurde, welcher sich am Brotpreis orientierte und jedem „poor and industrious man" (WENDT 2017 S.101) zustand. Dieser konnte entweder durch eigenes Einkommen erwirtschaftet werden, oder wurde durch die Armenkasse, welche durch Steuergelder gefüllt wurde, bezuschusst beziehungsweise gänzlich ausgezahlt (vgl. ebd.). Zudem erhielten Bedürftige diesen Zuschuss nur dann, wenn sie an ihrem Wohnort blieben (vgl. WENDT 2017, S.103). Rückblickend war dieser Vorläufer der Sozialhilfe zu Scheitern verurteilt, denn er schuf keine neuen Arbeitsplätze, limitierte die räumliche Migration potenzieller Arbeitskräfte und übte keinerlei Druck auf die Arbeitgeber aus, den Lohn zu erhöhen, bekam doch jede Arbeitskraft zwangsläufig den festgelegten Minimalbetrag (vgl. ebd.).

Kritik am Speenhamlandsystem wurde vor allem von den Liberalen geübt, da ihrer Meinung nach die Fürsorge gegen ihren Grundsatz der Selbstsorge verstoße. Bestätigt sahen sie sich in ihrer Kritik aufgrund der steigenden Armenpflegekosten in Verbindung mit geringerer Arbeitsproduktivität (vgl. WENDT 2017, S.103). Daher diktierten die Liberalen unter dem Einfluss der Theorien des Sozialphilosophen Malthus 1834 den „Poor Law Amendment Act". Dieser setzt die öffentliche Armenhilfe faktisch außer Kraft, eine Unterstützung außerhalb der „workhouses" sollte nicht mehr stattfinden (vgl. BIESEL 2007S.22). Ziel dieser Armenhäuser war es, die Bedingungen für Bedürftige möglichst schlecht zu halten, um so Inanspruchnahmen der öffentlichen Hilfen möglichst zu minimieren (vgl. WENDT 2017, S. 276).

Auch die private Fürsorge vertrat ähnliche Auffassung bezüglich der Würdigkeit von Menschen, Armenhilfe zu empfangen. So gab es im viktorianischen Britannien eine Vielzahl von Wohltätigkeitsvereinen (Charities), welche sich 1869 zur „Charity Organisation Society"(COS) zusammenschlossen und fortan Case Work betrieben und vor allem prüften, ob die Armen der monitären Hilfe würdig waren (vgl. WENDT 2017 S. 299, 305, 307).

2.2 Gründungsgeschichte und Motivation

Mitte des 19. Jahrhunderts keimte ebenfalls der Sozialidealismus auf. So appellierte der Schotte Thomas Carlyle im Kampf gegen den immer noch vorherrschenden Pauperismus an die Aristokraten und Wohlhabenden, sich deren Verantwortung gegenüber dem Ergehen der Bevölkerung zu verinnerlichen und zu übernehmen. Des Weitern kritisiert Carlyle vehement das unmoralische Verhalten der Besitzenden, sprich den Materialismus sowie die Maximierung von Kapital und Vermögen, zu Lasten der unteren Bevölkerungsschichten (vgl. WENDT 2017, S. 336). John Ruskin, ein Schüler Carlyles getrieben von romantischen Idealen, betonte immer wieder den deutlichen Vorrang von schöpferischem Leben vor Besitztümern und kritisierte das Bedürfnis der Menschen, ihre Gewinne vor allem Anderen maximieren zu wollen, auf schärfste. Ähnlich wie sein Lektor setzt Ruskin sich somit für eine Änderung beziehungsweise Erneuerung der Lebensführung, geleitet von ethischen Maximen, ein (vgl. WENDT 2017, S.337).

Anhänger Carlyles und Ruskins war auch der Lektor für politische Ökonomie an der Universität Oxford, Arnold Toynbee. Toynbee besuchte öfters das Elendsviertel Whitechapel in London und war ein Vertreter des „University Extension Movements", einer Bewegung, deren Ziel es war, Bildung breiten Teilen der Bevölkerung zugänglich zu machen (vgl. Wendt 2017, S. 340). Dadurch kannte Toynbee auch den Vikar Samuel Barnett und seine Frau Henrietta, welche beide schon für die COS tätig waren. So waren in Barnetts Pfarrhaus des Öfteren Student*innen anzutreffen, deren Anliegen es, ähnlich wie die von Toynbee, waren, persönliche Beziehungen zu den Bewohners Whitechapels aufzubauen, ihnen Bildung zu vermitteln und ihr Leid zu teilen (vgl. WENDT 2017, S.341).

Diese inspirierten Barnett eine Universitätsniederlassung mitten in Londons Osten zu gründen, die als Universität für die Arbeiterklasse fungieren sollte. In dem die Dozent*innen und Student*innen in einem vertrauten und freundschaftlichen Verhältnis zusammen mit den ärmlichen Bewohnern leben und lernen, sollen sie, ganz im Sinne Carlyles und Ruskin, (soziale) Ungleichheiten ein wenig beseitigen. Die Idee wurde in Oxford diskutiert und ein Verein wurde gegründet, welcher Spenden sammelte um eine geeignete Örtlichkeit in Whitechapel zu finanzieren. So zogen 1884 in Barnetts Gemeindehaus 16 Student*innen ein, welche fortan eine Einrichtung bildeten, die nach ihrem kürzlich verstorbenen Vordenker Arnold Toynbee benannt war, der Toynbee Hall. Es beginnt das Settlement Movement (vgl. WENDT 2017, S. 341).

2.3 Konzeption, Ziele und verrichtete Arbeit

Die Toynbee Hall formulierte als Zielsetzung, eine Brücke zwischen den Armen und den reicheren und bürgerlichen „Settlers" schlagen zu wollen und somit eine Erneuerung des Geistes herbeizuführen (vgl. LANDHÄUSER 2009, S. 33). Demnach richtete sich die Arbeit der Bewohner der Toynbee Hall auf den Sozialraum der Bewohner Whitechapels aus. Ganz im Sinne des „University Extension Movements" fungierten Kultur, Bildung und Erziehung hierbei als Prämissen für die Settlementworker (vgl. BIESEL 2007, S.24).

Konträr zum System der COS, sollten die Bedürftigen nicht betteln und sich einer Würdigkeitsprüfung unterziehen, sondern die wohlhabenden Residents fügten sich dem System der Notleidenden und teilten mit ihnen ihre Kultur, Bildung und Zivilität (vgl. Wendt 2017, S. 341). Die Residents und die Barnetts wollten den Armen nicht ihr Selbstwertgefühl nehmen, wie es bei der COS oft der Fall war, ganz im Gegenteil. Unter Hinzunahme eines Empowermentansatzes versuchten sie die ärmeren Teile der Bevölkerung zu befähigen, ihre Selbsthilfekräfte zu aktivieren beziehungsweise zu stärken. Zudem wurden Sozialreformen vorangetrieben, die dafür sorgen sollten, die Ausgrenzung, welche die benachteiligten Bewohner*innen erfahren mussten, abzumildern (vgl. BIESEL 2007, S. 25).

Ein wirtschaftlicher Umbruch hin zur Schaffung neuer, gut bezahlter Arbeitsplätze konnte nicht erreicht werden, dennoch machten sich die Residents für alle Belange der Bürger*innen stark, auch auf politischer und ökonomischer Ebene. So unterstützten sie aktiv Lohnkämpfe, sowie Kampagnen gegen Mietwucherei und jene zur Förderung verbesserter sanitärer Anlagen und hygienischeren Bedingungen. Zudem ermunterten sie die Bewohner*innen zu aktivem politischen Handeln, emanzipierten sie und bemühten sich um deren Partizipation (vgl. BIESEL 2007, S. 26).

Das Angebot der Toynbee Hall war äußerst vielfältig und zielte stets darauf ab, dass das Bürgertum mit den Pauper*innen in Dialog trat. Es gab Bildungs- und Kulturangebote, Kunstausstellungen, sowie Vortragsabende und Schulungen. Zudem wurden diverse Klubs gegründet, die fortan eigenständig agierten. Diese zielten sowohl auf die körperliche Betätigung, wie zum Beispiel der Wander- oder der Fußballklub, als auch auf kulturelle Weiterbildung ab, nennenswert sind hier beispielsweise der Reise- oder der Literaturklub (vgl. Wendt 2017. S. 342).

Im Laufe der Zeit entstanden außerdem noch mehrere Gesellschaften, wie zum Beispiel die Shakespeare-Gesellschaft. Auch sozialräumliche Veränderungen wurden angestrebt und die soziale Infrastruktur wurde verbessert. So konnte unter Zunahme von Spenden eine Kunstgalerie in Whitechapel errichtete werden, es wurden Spielplätze für Kinder erbaut und Jugendtreffs errichtet (vgl. WENDT 2017. S.343).

Methodisch wurde im Settlement recht breit gearbeitet, auch wenn den Settlers dies nicht so bewusst war. So fand neben Gruppenarbeit, Individualhilfe und natürlich gemeinwesensbezogener Sozialarbeit auch Supervisionssitzungen statt, da die Barnetts die Bewohner*innen der Toynbee Hall regelmäßig bezogen auf ihr Handeln mit den Nachbar*innen und sonstigen Problemsituationen berieten (vgl. BIESEL 2007, S.26).

Für ihre Unterkunft im Sozialraum der Hilfebedürftigen mussten die Residents selber aufkommen. Ihren Wirkungsgrad richteten die Settlers auf den Stadtteil Whitechapel aus. Obendrein verstanden sie sich als Nachbar*innen, welche unter Zunahme sozialer, kultureller, materieller und persönlicher Ressourcen der Spaltung der Gesellschaft und der sozialen Ungleichheit Einhalt gebieten. Somit verstanden sie sich keinesfalls als professionelle Helfende oder Retter*innen von Hilfebedürftigen (vgl. BIESEL 2007, S.27).

3. Das Chicagoer Hull House

Die Settlementbewegung blieb nicht nur auf das britischen Königreich beschränkt. Auch in den USA wurden mehrere Settlements gegründet. Das Erste bereits zwei Jahre nach Eröffnung der Toynbee Hall von Stanton Coit in New York, unter dem Namen „Settlement Neighbourhood Guild". Dessen Zweck war es, wie auch in der Toynbee Hall, gebildete Bürger*innen in Beziehung zu Mitglieder*innen der Arbeiterklasse zu bringen, wovon beide Seiten profitieren sollten (vgl. Biesel 2007, S. 29). Das bekannteste Settlement der Vereinigten Staaten Amerikas wurde jedoch das Hull House in Chicago, das kaum trennbar in Verbindung zu dessen Gründerin, der Sozialreformerin und namenhaften Mitglied der Frauen- und Friedensbewegung, Jane Addams steht. Auch hier soll nun im Folgenden auf den historischen Kontext eingegangen werden, dann die Gründung sowie die Motivation und Überzeugungen Addams und schließlich die geleistete (soziale) Arbeit beleuchtet werden.

3.1 Der historische Kontext

Die „Neue Welt" diente seit ihrer Gründung Auswanderer*innen als ein Ort der Zuflucht. Verfolgte hofften auf eine Heimat, in der sie ihre politischen beziehungsweise religiösen Überzeugungen frei ausleben konnte, ohne Gefahr von Schikanen oder Ausgrenzung. Arme hofften indes auf ein Leben ohne finanzielle Sorgen, gegebenenfalls sogar auf einen gesellschaftlichen Aufstieg. Öffentliche Fürsorge gab es in den Vereinigten Staaten von Amerika jedoch nicht, man half sich gegenseitig. So etablierte sich die private Wohltätigkeit recht früh als Aufgabe von Stiftungen, Charities oder Glaubensgemeinschaften (vgl. WENDT 2017, S.304).

Die föderalen Staaten selbst blieben im Bereich der Armenpflege größtenteils untätig, stellten lediglich einige wenige Irrenanstalten und Einrichtungen für Menschen mit Behinderungen zur Verfügung. Es wurden zwar im Jahre 1854 bundesstaatliche Leistungen vom Kongress beschlossen, welche an die Einzelstaaten zwecks Armen- und Krankeneinrichtung ausgeschüttet werden sollen, jedoch verhinderte der damalige Präsident Franklin Pierce diesen Beschluss noch vor Inkrafttreten unter Inanspruchnahme seines verfassungsmäßigen Vetorechts (vgl. WENDT 2017, S. 314).

1877 wurde von einem ehemaligen Mitarbeiter der Londoner COS die erste Charity Organisation Society auf amerikanischem Boden in Buffalo gegründet. Deren Ziel war es, analog zu dem britischen Vorbild, die private Armenfürsorge zu koordinieren (vgl. WENDT 2017, S. 316). Die Grundgedanken und Ideale der COS verbreiteten sich schnell im Land und inspirierten mehrere Nachahmer, so dass es in den Vereinigten Staaten von Amerika im Jahr 1890 bereits 78 unterschiedliche Charity Organisation Societys gab. Diese beschäftigten insgesamt 174 hauptamtliche Mitarbeiter*innen und über 2000 friendly visitors, eine Tätigkeit, die meist von Frauen übernommen wurde und zu deren Aufgaben, die Betreuung und Einschätzung der Bedürftigen zählten (vgl. WENDT 2017, S.318).

3.2 Gründungsgeschichte und Motivation

Jane Addams war die Tochter eines Staatssenators in Springfiled, Illinois, Quäkers und Mühlenbesitzers. Zunächst studierte sie am Rockford Seminary Naturwissenschaften, Mathematik, Literatur, Sprachen sowie Geschichte. Während dieser Zeit lernte sie auch ihre spätere Weggefährtin Ellen Gates Starr kennen. Anschließend begann sie ein Studium der Medizin, konnte dieses aber aus gesundheitlichen Gründen nicht beenden (vgl. LANDHÄUSER 2009, S.37). Als ihr Vater verstarb hinterließ er seiner Tochter ein stattliches Vermögen (vgl. Wendt 2017, S. 347). Somit war ihr Lebensunterhalt gesichert und Addams unterlag nicht dem Zwang, arbeiten zu müssen. Aus diesen Gründen suchte sie vielmehr nach einer Möglichkeit, ihr Leben sinnvoll zu gestalten und ihre Berufung zu finden (vgl. BIESEL 2007, S. 29).

Addams reiste daher viel und lernte auf ihrer zweiten Europareise auch das Elend im Londoner Osten kennen, sowie die Toynbee Hall und deren Gründer*innen Samuel und Henrietta Barnett. Ihre Beobachtung und Erfahrungen dort veranlassten sie, in Chicago nach einer geeigneten Immobilie zu suchen, um ebenfalls ein Settlement zu gründen. Addams wurde eher durch Zufall auf ein altes Haus im 19. Distrikt Chicagos aufmerksam, welches in Zukunft unter dem Namen „Hull House" das bekannteste Social Settlement der USA werden sollte (vgl. BIESEL 2007, S. 30).

Nach New York war Chicago zu diesem Zeitpunkt die zweitgrößte Stadt Amerikas. In den 1870er und 80er Jahren wurde die Stadt von einer Vielzahl ökonomischer, sozialer und kultureller Veränderungen erfasst. Ein beispielloser Bevölkerungsanstieg, kaum regulierte Migrationsbewegungen, Industriekapitalismus, der ebenfalls kaum Regularien unterlag, sowie Urbanisierungsprozesse, welche von der kommunalen Politik weitestgehend nicht gesteuert wurden beziehungsweise dies aufgrund der Pluralität auch nicht gesteuert werden konnte, führten zu einem Disput in der Gesellschaft. Klassenkämpfe sowie soziale und politische Auseinandersetzung blieben nicht aus. Vor allem das städtische Bürgertum war zu jener Zeit stark besorgt über die öffentliche Stabilität und die Aufrechterhaltung der gesellschaftlicher Ordnung (vgl. ANHORN 2012, S. 241). Die Industrie expandierte zu jener Zeit stark, so dass der Bedarf von Arbeitskräften, vor allem im Niedriglohnsektor wuchs. So schuftete ein Großteil der Arbeitnehmer*innen viele Stunden für einen geringen Lohn bei menschenverachtenden Arbeitsbedingungen, auch Kinderarbeit wurde als selbstverständlich betrachtet und praktiziert (vgl. LANDHÄUSER 2009, S. 35f.).

Das Hull House selbst lag in einer Gegend, die man als „Slumviertel" beschreiben könnte. Aufgrund der ungeregelten Migration war der Stadtteil Near Westside durch eine Vielzahl von ethnischen Gruppierungen gekennzeichnet, so bat er Italiener*innen, ehemalige irischen und deutschen Migrant*innen, polnischen und russischen Anhänger*innen des jüdischen Glaubens, böhmischen Gefolgsleuten ,frankophonen Kanadier*innen, sowie Amerikaner*innen der ersten Generation ein Zuhause, was öfters soziale Probleme hervor rief und das Risiko der Eskalation mit sich brachte (vgl. BIESEL 2007, S. 31).

Auch an hygienischen Zuständen, welche als bedenkenlos eingestuft werden konnten, mangelte es. Die Straßen waren stark verschmutzt, sanitäre Anlagen entsprachen seltenst den Vorschriften und auch die Sauberkeit der Ställe ließ zu wünschen übrig. An einer befriedigenden Straßenbeleuchtung mangelte es ebenfalls, genau wie an durchgängig gepflasterten Straßen und Bürgersteigen. Zudem war die Zahl der Schulen zu gering für die Anzahl der dort lebenden Kinder (vgl. BIESEL 2007, S.31).

1889 öffnete Jane Addams, gemeinsam mit ihrer Lebensgefährtin Ellen Gates Starr die Tore des Hull Houses in eben jenem Stadtteil und fand darin ihre Berufung (vgl. KÖNGETER 2013, S. 243f).

3.3 Ziele und verrichtete Arbeit

Ganz im Sinne der Unabhängigkeitserklärung und der Verfassung der Vereinigten Amerikanischen Staaten verfolgten Addams und ihre Mitstreiter*innen einen Ansatz, der sich als demokratisch und emanzipatorisch beschreiben lässt. Es sollten die Grenzen der unterschiedlichen Schichten überwunden und dabei die demokratischen Werte und Ideale für alle erfahrbar gemacht werden (vgl. BIESEL 2007, S. 32).

Dementsprechend war die Zielgruppe nicht nur auf die Armen und die Bedürftigen reduziert, das Hull House hatte den Anspruch, alle Bevölkerungsschichten durch ihre Arbeit zu erreichen. Die ehren- und hauptamtlichen Residents wollten nicht weniger als die Gesellschaft nachhaltig verändern und einen freundlichen Lebensraum schaffen. Außerdem sollte soziale Gerechtigkeit vorangetrieben und die Benachteiligung Einzelner minimiert beziehungsweise idealerweise gänzlich beseitigt werden (vgl. Biesel 2007, S. 32).

Ähnlich wie in der Toynbee Hall gelang es auch dem Hull House seine Nachbar*innen durch niederschwellige Angebote zu erreichen. So starteten die ersten beiden Bewohnerinnen des Hull Houses, Addams und Starr, mit besinnlichen Gesprächsrunden, zu denen sie alle Nachbar*innen einluden. Schnell entstand so ein Kindergarten, den die beiden in dem Wohnzimmer eröffneten. Langsam kristallisierte sich die Version eines „Social Settlements" heraus, das mit den Jahren eine Vielzahl an Angeboten aufweisen konnte. Diese wurden nicht einfach von den Residents nach eigenem Ermessen ausgewählt, sondern wurden im Dialog mit den in der Nachbarschaft lebenden Menschen erarbeitet. So entstanden ein kleines Theater, eine Bibliothek, eine Kaffeestube, mehrere Clubs, die sich in ihren Angeboten an Kinder und Jugendliche richteten und sogar eine genossenschaftlich geführte Kohlehandlung (vgl. BIESEL 2007, S. 32).

Addams und ihre Mitstreiter*innen wollten primär die Erwachsenen erreichen, so dass die von ihnen ausgehenden Angebote für Minderjährige die Erwachsenen in ihrem Alltag entlasten sollten (vgl. BIESEL 2007, S. 32). Für neu angekommene Migrant*innen installierten sie Dolmetscher*innen, um den Neuankömmlingen so bei auftretenden Problemen und der Integration helfen zu können (vgl. LANDHÄUSER 2009, S. 38).

Auf sozialpolitischer Ebene versuchten die Residents ihre Nachbarschaft zu aktivieren. Gemäß ihren demokratischen Grundsätzen versuchten die Bewohner*innen des Hull Houses, ihre Nachbar*innen über ihre demokratischen Rechte aufzuklären, sie bei deren Aktivierung zu unterstützen und diese zu stärken. Dabei waren die lokalpolitischen Aktivitäten breit gefächert und erstreckten sich von Forderungen in schulpolitischen Themen bis hin zur aktiven Beteiligung im Kampf der Arbeiter*innen für gerechtere Löhne und Arbeitsbedingungen (vgl. BIESEL 2007, S. 32). Zudem strebten die Residents an, mit öffentlichen Einrichtungen zu kooperieren, wenn die Möglichkeit dazu bestand (vgl. LANDHÄUSER 2009, S.38).

Die Bewohner*innen des Hull Houses professionalisierten ihrer Tätigkeiten und begannen zu dem, (sozial-)wissenschaftliche Methoden anzuwenden. Inspiriert von den Werken des britischen Sozialforschers Charles Booth, der die Armut in London empirisch untersuchte und die Ergebnisse anschließend kartographierte, begannen auch die Residents des Hull Houses entsprechende Karten für Chicago zu entwerfen (vgl. KÖNGETER 2013, S. 244). Allen voran wäre hier die Chefin der „National Consumers League" zu nennen, Florence Kelley, die viel Zeit der Forschung und der anschließenden Analyse und Auswertung widmete (vgl. WENDT 2017, S. 351). Um zu Ergebnissen zu kommen bedienten sich Kelley und ihre Mitstreiter*innen der „friendly research", sprich sie untersuchten die Lebensverhältnisse von (persönlich) Bekannten in ihrer Umgebung (vgl. WENDT 2017, S.350). Die „Hull House Maps and Papers" orientierten sich stark an jenen Werken von Booth, da ähnliche Farben für gleiche Kategorien gewählt wurden. Das so gesammelte und analysierte Wissen diente zur Entwicklung neuer sozialpolitischer Forderungen und Interventionen (vgl. KÖNGETER 2013, S. 245).

Dadurch, dass die Residents nicht nur für kurze Zeit im Hull House verblieben, sondern eine Großteil über viele Jahre hinweg aktiv am Leben im Stadtteil teilnahmen, gewannen sie neue Einsichten und es eröffneten sich neue Zugänge zu den Bewohner*innen des Viertels. Gleichzeitig erkannten sie aber auch, dass das Ziel ihres Settlements nicht nur das Generieren von Wissen über die Zustände vor Ort und deren Bewohner*innen sein kann, sondern dass die Bewohner*innen und ihr Wissen selbst Ressourcen darstellen (vgl. KÖNGETER 2013, S. 246).

4. Gemeinsamkeiten und Unterschiede beider Settlements

Offensichtlich haben die Toynbee Hall und das Hull House einige Gemeinsamkeiten, inspirierte die Toynbee Hall Addams ja erst zur Gründung ihres Settlements. Doch in manchen Punkten weisen beide Settlements auch Differenzen auf. Im Folgenden sollen nun die Gemeinsamkeiten und Unterschiede herausgestellt werden.

4.1 Gemeinsamkeiten der Toynbee Hall und des Hull Houses

Zunächst wäre hier zu erwähnen, dass sich beide Settlements von der bis dato gängigen Form der Hilfe, nämlich durch Begutachtung der COS beziehungsweise deren amerikanischen Ableger verabschiedeten und die Bedürftigen nicht jeweils als Einzelfall untersuchten, um ihnen anschließend je nach Ergebnis der Würdigkeitsprüfung finanzielle Unterstützung zukommen zulassen. Nein, sie zogen zu den Bedürftigen in den Stadtteil und halfen, ohne diesen finanzielle Hilfe zukommen zu lassen oder ihnen ihre Würdigkeit abzusprechen (vgl. BIESEL 2007, S. 35 und WENDT 2017, S. 341).

Zu dem traten die Residents beider Settlements ihren Nachbar*innen auf Augenhöhe gegenüber und erwarteten keine hierarchischen Grundordnungen, denen sich die Menschen ihrer Nachbarschaft beugen mussten. Sie wollten mit den Bewohner*innen der jeweiligen

Viertel in den Dialog treten und soziale Ungleichheit beseitigen, sowie eine Brücke zwischen den unterschiedlichen gesellschaftlichen Klassen und Ethnien schlagen. Zudem waren in beiden Settlements die Residents akademisch gebildet und meist einer wohlhabendere Schicht zugehörig (vgl. Biesel 2007, S. 24,26 und S.32).

Auch bei den Angeboten ähnelten sich die Toynbee Hall und sein Chicagoer Pendant. So gab es bei beiden Angebote, die auf kulturelle Bildung abzielten, wie beispielsweise das Aufführen von Theaterstücken oder Büchereien. Auch wurden in beiden Settlements diverse Klubs und Gesellschaften für Jung und Alt gegründet (vgl. BIESEL 2007, S.32 und WENDT 2017, S. 342).

Zusätzlich mischten sich sowohl die Residents des Hull Houses und die Bewohner*innen dessen Londoner Pendants in sozialpolitischen Fragen ein. In beiden Settlements wurde mit emanzipatorischen als auch partizipatorischen Methoden gearbeitet, um die Nachbar*innen in ihren Rechten zu stärken und für sozialpolitische Reformen einzustehen. Dabei unterstützen die Bewohner*innen der Settlements ihre Nachbar*innen stets aktiv in ihren Kampagnen und Forderungen (vgl. BIESEL 2007, S.25 und S. 32).

4.2 Unterschiede zwischen der Toynbee Hall und dem Hull House

So viel die beiden Settlements auch gemein haben, so unterscheiden sie sich doch in einigen Punkten. Die offensichtlichsten Unterschiede sind neben dem historischen Hintergrund und der Tatsache, dass beide Settlements in unterschiedlichen Städte beziehungsweise Ländern lokalisiert sind und somit unterschiedliche Voraussetzungen bezüglich Infrastruktur und Sozialpolitik vorliegen, auch die unterschiedlichen Gründer*innen. Auf Seiten der Toynbee Hall der geistliche Barnett, Hull House gründete die weibliche Addams.

Doch auch weniger offensichtliche Differenzen lassen sich herausarbeiten: Im Gegensatz zu dem Londoner Settlement fungierte das Hull House nicht als universitäre Außenstelle (vgl. BIESEL 2007, S.31). Die Toynbee Hall hingegen wurde unter dem Einfluss des „University Extension Movements" gegründet und stellte ein Settlement der Universität Oxford dar. (vgl. BIESEL 2007, S. 24),

Auch bei den jeweiligen Residents lassen sich Unterschiede herausarbeiten. Zunächst resultiert aus dem oben genannten Sachverhalt, dass die Bewohner*innen des Hull Houses nicht zwangsläufig angehende Akademiker*innen waren. Außerdem oblagen sie keiner Beschränkung auf eine Universität, wie es in der Toynbee Hall der Fall war, da hier die Residents sich aus den Reihen von Studierenden der Universität Oxford rekrutierten.

Des Weiteren war das Hull House vor allem weiblich dominiert. Viele Amerikanerinnen, die später als bedeutende Sozialarbeiterinnen gelistet wurden, waren Residents des Hull Houses: Edith und Grace Abott, Julia C. Lathrop, Frances Perkins und die bereits erwähnte Florence Kelley (vgl. WENDT 2017, S. 348). Die Frauen betrachteten das „settlement work", als ihre Gelegenheit, sich politisch und sozial sinnvoll zu betätigen (vgl. ebd.). Wohingegen die mehrheitlich männlichen Residents der Toynbee Hall es als ihre Pflicht ansahen, Bildung und Kultur der ärmeren und bildungsferneren Bevölkerung näher zu bringen (vgl. WENDT 2017, S. 343).

Weitere Differenzen lassen sich in puncto Finanzen hervorheben. Für ihren Aufenthalt in der Toynbee Hall mussten die angehenden Akademiker*innen selbst aufkommen (vgl. BIESEL 2007, S. 26). Demgegenüber wurde das Hull House durch eine Frauengruppe aus Chicago unterstützt, die dessen Ideale teilen. Mit ihren Verbindungen zur Chicagoer Gesellschaft unterstützten so mehrere wohlhabende Frauen das Hull House mit großzügigen Spenden (vgl. WENDT 2017: S. 348).

Herauszustellen ist auch noch, dass die Bevölkerung der Bezirke, in denen die jeweiligen Settlements lagen, andere Prämissen mit sich trugen. Die Toynbee Hall lag in Whitechapel, dessen Bewohner*innen weitestgehend mittellos waren, unter Armut litten und kaum Bildung genossen. Doch die Menschen, die in der Umgebung zu Hull House lebten, gingen zu einem Großteil bezahlter Arbeit nach. Es waren die Arbeitsbedingungen in Kombination mit schlechten Löhnen, die ungezügelten Urbanisierungs- und Wachstumsprozesse der Industriestadt Chicago, kaum regulierte Migration mit einhergehendem Bevölkerungswachstum sowie unterschiedliche ethnische Herkünfte und dementsprechende Wertevorstellungen, die für die Nachbar*innen des Hull Houses zu einer Vielzahl von sozialen Problemen führte, deren Behebung von den Kommunalpolitiker*innen nicht mehr geleistet werden konnte (vgl. BIESEL 2007, S.31 und ANHORN 2012, S. 241).

Unterschieden hat sich auch die Bereitschaft der Nachbar*innen der Settlements, die Angebote und Hilfen der Settlers wahrzunehmen. Obwohl die Residents der Toynbee Hall sichtlich motiviert waren sich auf ihre Nachbar*innen einzulassen, erreichten sie diese dennoch nur sporadisch (vgl. WENDT 2017, S. 343). Die Annahme der Angebote des Hull Houses war indes deutlich größer. So betrug Anfang der 1890er Jahre, also lediglich ein paar Jahre nach Eröffnung, die durchschnittliche Besucherzahl, die innerhalb einer Woche das Hull House aufsuchten, 1000 Menschen, was als deutlicher Erfolg gewertet werden kann (vgl. LANDHÄUSER 2009, S. 38). Anzumerken ist hier aber erneut, dass diese deutlichen

Unterschiede nicht auf unterschiedliche Grade der Motivation oder Bereitschaft der jeweiligen Residents zurückzuführen ist.

Als ein möglicher Erklärungsansatz dafür lässt sich die unterschiedliche Herangehensweise an die Erstellung von Angeboten benennen. Während die Toynbee Hall und deren Residents hauptsächlich darauf bedacht waren, Brücken zwischen den unterschiedlichen Schichten zu schlagen und ihre Nachbar*innen kulturell weiterzubilden (vgl. Wendt 2017, S.341f.), verfolgte das Hull House und deren Residents ein anderes Konzept. So sollte auch hier Kontakt zwischen den auseinandergedrifteten Schichten herbeigeführt werden und das Hull House bot ebenfalls kulturelle Weiterbildungsmöglichkeiten an. Dennoch wurde hier die Angebotsauswahl zusammen mit den betreffenden Nachbar*innen im Dialog erarbeitet, man orientierte sich somit am Wille und Interesse der Adressat*innen (vgl. BIESEL 2007, S. 32).

Auch im Sinne von tatsächlicher geleisteter Sozialer Arbeit, ist das Hull House der Toynbee Hall vermeintlich einen Schritt voraus. Neben der betrieben Sozialraumanalyse in Form der Hull House Maps and Papers gingen Residents auch die für die spätere Gemeinwesenarbeit typische Kooperation mit öffentlichen Stellen im gleichen Bezirk ein, beziehungsweise strebten diese nach Möglichkeit an (vgl. LANDHÄUSER 2009, S. 38).

5. Ihr Erbe für die moderne Sozialarbeit

Mehr als 130 Jahre nach Gründung der beiden Settlements werden viele ihrer Ideen und Ansätze heute noch praktiziert und gelehrt. Zudem wurden andere Ansätze weiterentwickelt oder die Arbeit der Barnetts und Addams regten Sozialarbeiter*innen zu Entwicklung neuer Ansätze an. Im Folgenden soll nun die Bedeutsamkeit der Toynbee Hall und des Hull Houses für die moderne Soziale Arbeit herausgearbeitet werden.

Die wohl wichtigste Errungenschaft der Settlements für die moderne Soziale Arbeit ist das aus ihnen die dritte Säule der Sozialen Arbeit hervorging, die Gemeinwesenarbeit. So beschreibt OELSCHLÄGEL Gemeinwesenarbeit als eine:

> „sozialräumliche Strategie, die sich ganzheitlich auf einen Stadtteil und nicht pädagogisch auf einzelne Individuen richtet. Sie arbeitet mit den Ressourcen des Stadtteils und den BewohnerInnen, um seine Defizite aufzuheben. Damit verändert sie dann allerdings auch die Lebensverhältnisse seiner BewohnerInnen" (2001, S.653).

All jene definierten Teilbereiche der Gemeinwesenarbeit wurden, zumindest im Hull House, ansatzweise erfüllt. So zielten beide Settlements ihren Ansatz nicht auf einzelne Individuen, sondern konzentrierten sich auf die Bewohner*innen Whitechapels (Toynbee Hall) oder die Nachbar*innen des Hull Houses. Zudem erkannten Jane Addams und ihre Mitstreiter*innen, dass auch die Bewohner*innen Ressourcen darstellen, die genutzt werden können. Eine Veränderung der Lebensverhältnisse konnte außerdem bei beiden dank sozialpolitischer Forderungen erreicht werden. Somit wurde der Grundstein des Handlungsfeldes der Gemeinwesenarbeit beziehungsweise sozialraumorientierter Arbeit bereits in der Settlementbewegung gelegt, da die Methoden lediglich verfeinert und auf die Ansprüche und Probleme der modernen Welt adaptiert wurden.

Dies lässt sich daran verdeutlichen, dass moderne Gemeinwesenarbeit nicht nur auf die sozialen Belange der Bewohner*innen des Gemeinwesens limitiert ist. Vielmehr hat sie sich auch in Bereichen wie Gesundheitsfürsorge, Verkehr, Bildung Sicherheit und Wirtschaft offensiv bewegt (vgl. HINTE 2018, S. 211). Die Residents beider Settlements taten dies damals bereits aktiv, auch wenn die Bereiche der Mietwucherei und der Arbeitskämpfe die Hauptbereiche waren, in denen sie sich offensiv bewegten.

Kooperation und Vernetzung sind ebenfalls wichtige Prinzipien der professionellen Gemeinwesenarbeit des 21. Jahrhunderts (vgl. HINTE 2018, S. 211). Auch dieser Ansatz findet sich bereits in den Prinzipien des Hull Houses wieder, wurden doch Kooperationen mit öffentlichen Stellen stets angestrebt (vgl. LANDHÄUSER 2009, S.38).

Doch nicht nur für die Gemeinwesenarbeit an sich waren die beiden Settlements von Bedeutung, sondern auch für die Profession Soziale Arbeit selbst. Vieles, was das Handlungsrepertoire der Toynbee Hall und des Hull Houses beinhaltete, findet sich auch im Angebot aktueller Sozialarbeit wieder. Die Individualhilfe, welche in Form von Mieterberatung in der Toynbee Hall praktiziert wurde (vgl. Biesel 2007, S. 25) und die Gruppenarbeit, die in beiden Settlements in Form von unterschiedlichen Klubs angewendet wurde, sind bis heute elementare Bestandteile des sozialarbeiterischen Schaffens und bilden die zwei weiteren Säulen der Sozialen Arbeit (vgl. MAIERHOF 018, S. 589) Auch die Beratung der Professionellen in Form einer Supervision wie sie in der modernen Sozialen Arbeit in vielen Einrichtungen zum Standard gehört wurde faktisch bereits von den Barnetts durchgeführt (vgl. BIESEL 2007, S.26).

Außerdem wird der sozialpädagogische beziehungsweise sozialarbeiterische Diskurs noch heute von der durch die Settlement-Bewegung entstandenen Kontroverse, welches Muster der Sozialen Arbeit allgemeingültig angewendet werden sollte geprägt. Damals konkurrierten die Einzelfallhilfe, mit denen die „friendly visitors" der COS beziehungsweise deren amerikanischen Ableger arbeiteten, welche die personalisierte Sozialkontrolle und

Würdigkeitsprüfungen beinhalten, mit den Ansichten und Hilfemaßnahmen der Toynbee Hall und des Hull Houses, welche ein konträres Grundmuster der Sozialen Arbeit und ein anderes Bild des Zusammenlebens, aufwarfen (vgl. WENDT 2017, S. 358). Adaptiert auf den heutigen Theoriediskurs konkurriert die moderne Einzelfallhilfe mit eindeutig identifizierbaren Klient*innen immer noch mit dem sozialräumlichen Fokus und der Orientierung auf Bewohner*innen und Ressourcen eines bestimmten Wohnraums, als Grundgedanken der Gemeinwesenarbeit um das Grundmuster Sozialer Arbeit (vgl. HINTE 2018, S. 207).

6. Resümee

Abschließend lässt sich somit festhalten, dass es einige Gemeinsamkeiten aber auch deutliche Unterschiede zwischen den beiden Settlements festzustellen sind:

Die 1884 gegründete britische Toynbee Hall, geleitet von dem Pfarrer Samuel Barnett und seiner Frau Henrietta beschrieb als ihr oberstes Gebot, eine kulturelle Brücke zwischen der finanziell stärkeren und akademisch gebildeten Bürgerschicht und der verarmten Arbeiterklasse zu schlagen. Dies sollte im Gegensatz zu der bisher von der COS geleisteten Hilfe ohne Würdigkeitsprüfung, durch Näherbringen von Erziehung, Kultur und Bildung gelingen. Dabei unterstützen die angehenden Akademiker*innen, welche im Settlement lebten und für diesen Aufenthalt zahlten, ihre Nachbar*innen auch auf politischer Ebene, in dem sie diese emanzipieren und ihre Forderungen lautstark unterstützen. So entstanden zahlreiche Klubs, Kulturveranstaltungen und sogar ein Spielplatz.

Ein ähnliches Angebot konnte auch das von Jane Addams und ihrer Wegbegleiterin Ellen Gates Starr in Chicago gegründete Hull House vorweisen. Auch hier war die Hilfe auf die Nachbarschaft bezogen und es fanden ebenfalls zahlreiche Kulturveranstaltungen statt. Zudem wurden ebenfalls diverse Klubs gegründet und man lehnte das von der amerikanischen COS betriebene Hilfemodell ab. Auch hier versuchten Akademiker*innen mit Hilfe von Kultur, Erziehung und Bildung ihre Nachbar*innen zu erreichen. Ähnlich wie die Residents der Toynbee Hall unterstützen die Residents des Hull Houses ihre Nachbar*innen auch auf sozialpolitischer Ebene.

Die Unterschiede lassen sich den Ebenen Klientel, so war das Klientel des Hull Houses nicht arbeitslos, Residents, meist männliche Studenten der Universität Oxford in London wohingegen das Hull House von reichen Akademikerinnen dominiert wurde, Finanzen, Spenden im Hull House versus Finanzierung durch die Residents der Toynbee Hall,

Annahme der Angebote/Hilfe, Ausarbeitung der Angebote sowie sozialwissenschaftliches Arbeiten zuordnen.

Außerdem ist herauszustellen, dass die beiden Vorreiter sozialräumlicher Arbeit immer noch in den aktuellen Diskurs der Profession Sozialer Arbeit hineinwirken. So findet man viele Ansätze der Settlementbewegung auch in aktueller Gemeinwesenarbeit, wie beispielsweise die Vernetzung und die Orientierung auf sozialräumliche Ressourcen. Doch auch die damals entstandene Kontroverse um ein allgemeingültiges und anwendbares Grundmuster Sozialer Arbeit konnte bis heute nicht aufgelöst werden. Dies lässt den Schluss zu, dass sowohl die Toynbee Hall als auch das Hull House immer noch eine große Auswirkung auf moderne Soziale Arbeit haben.

7. Literaturverzeichnis

ANHORN, Roland 2012: Wie alles anfing… und kein Ende findet. Traditionelle und kritische Soziale Arbeit im Vergleich von Mary E. Richmond und Jane Addams. In: ANHORN, Roland u.a. (Hrsg.): Kritik der Sozialen Arbeit – kritische Soziale Arbeit. Wiesbaden, S. 225-270.

BIESEL, Kay 2007: Sozialräumliche Soziale Arbeit. Wiesbaden.

HINTE, Wolfgang 2018: Gemeinwesenarbeit. In: GRAßHOFF, Gunther,/RENKER, Anna/SCHROER, Wolfgang (Hrsg.): Soziale Arbeit. Eine elementare Einführung. Wiesbaden, S. 205-216.

KÖNGETER, Stefan 2013: Die Erforschung der Slums – Transnationale Grenzobjekte der Settlement- und Social-Survey-Bewegung. In: HÖRSTER, Reinhard u.a.(Hrsg.): Grenzobjekte. Soziale Welten und ihre Übergänge. Wiesbaden, S. 233-256.

LANDHÄUSER, Sandra 2009: Communityorientierung in der Sozialen Arbeit. Die Aktivierung von sozialem Kapital. Wiesbaden.

MAIERHOF, Gudrun 2018: Soziale Gruppenarbeit. In GRAßHOFF, Gunther/RENKER, Anna/SCHROER, Wolfgang (Hrsg.): Soziale Arbeit. Eine elementare Einführung. Wiesbaden, S. 589-603.

OELSCHLÄGEL, Dieter 2001: Gemeinwesenarbeit. In: OTTO, Hans-Uwe/THIERSCH, Hans (Hrsg.): Handbuch der Sozialarbeit/Sozialpädagogik. Neuwied/ Kriftel. 2. völlig neu überarbeitete und aktualisierte Auflage, S. 653-659.

WENDT, Wolf Rainer 2017: Geschichte der Sozialen Arbeit 1. Die Gesellschaft vor der sozialen Frage 1750-1900. Wiesbaden, 6. Überarbeitete und erweiterte Auflage.